Sammy M

Corruptibles

Sammy M

Corruptibles

Éditions Muse

Imprint

Cover image: www.ingimage.com

Publisher:
Éditions Muse
is a trademark of
Dodo Books Indian Ocean Ltd. and OmniScriptum S.R.L publishing group

120 High Road, East Finchley, London, N2 9ED, United Kingdom
Str. Armeneasca 28/1, office 1, Chisinau MD-2012, Republic of Moldova, Europe
Printed at: see last page
ISBN: 978-620-4-96199-6

CORRUPTIBLES

A ma mère

INTRODUCTION

Décrier la société actuelle, décrier la gestion fallacieuse des biens publics, ces écrits sont une occasion à travers laquelle l'auteur dénonce le détournement des biens, les vols encouragés par une fondation de mentalités corrompues ainsi que leurs conséquences dans le développement de l'Afrique. D'un autre côté il décrit jeunesse dans un sommeil paradoxal, qui se laisse entrainer facilement vers les plaisirs de la vie, la torpeur que provoque l'alcoolisme, la sexualité, la prostitution et les sacrifices inutiles pour ne citer que ces maux et l'auteur ne peut finir sans taper du tamtam, des notes tristes, rythmées d'Afrique, des vers d'avertissement à une jeunesse qui s'endort sans lauriers sur un avenir incertain.

Chapitre 1 : CORRUPTIBLES !

Pour la n-ième fois dans l'histoire de cette maison, Zonga, la nièce du Directeur de la société d'immatriculation des biens et des entreprises (SIBE) Ribo Emalis, était entrée dans sa chambre, disparaissant avec la rondelette somme de 3 millions de francs Cartans, monnaie locale. Les services de renseignement disaient l'avoir aperçue à Mimbi, une ville frontalière du pays ami le Korban, Ah ces légendaires korbanais « les hommes qui marchent tête haute » comme on aimait les surnommer.

L'agent de renseignement qui avait été mis à ses trousses, disait que la fille enchainant fête sur fête avec trois de ses copines avait déjà mis dans sa poche, le sous-préfet, le commissaire et un bon nombre d'autorités du coin par leur charme aguicheur, leurs mensonges et leur bourse pleine.

Si Ribo Emalis, ou Monsieur le Directeur comme on aimait bien l'appeler, avait des inquiétudes avec les incartades de sa nièce qui entrainait du même coup avec elle les petits vauriens qui habitaient chez lui, lui-même ne pouvait pas être qualifié de saint.

L'on pouvait même dire qu'il constituait un problème.

En 20 ans à la tête de la SIBE, il avait installé dans la société un véritable système d'arnaque et de corruption à ciel ouvert. Malgré que tous les tarifs des services et procédures étaient affichés sur le babillard, à la guérite principale, au vu et au su de tout le monde, il n'existait plus un prix standard d'un service à la SIBE, le formulaire d'immatriculation qui coutait 500 francs la semaine qui précédait pouvait se retrouver à 2000 francs la semaine qui suivait sans que cela ne fasse sourciller le fonctionnaire qui se trouvait en poste ce jour-là dans ce bureau d'accueil. Le système de démarche mis sur pieds faisait que nul ne pouvait en réalité évaluer le cout d'un quelconque service, dans une société aussi triviale ou l'on devait tout immatriculer : les terrains, les véhicules, les biens, en passant par des articles dont l'on ne se serait pas douté qu'une immatriculation fut nécessaire.

Comment imaginer dans cette république que l'on se retrouve entrain d'immatriculer des biens de consommations des articles aussi temporaires, à quoi cela servait-il ? Mais cela pouvait faire l'objet d'un autre débat.

Il est question ici des difficultés qu'avait la population générale à évaluer le cout d'un service dans la société d'immatriculation civile la SIBE, un service devenu incontournable.

Comment ne pas évoquer, le fait du changement permanent des visages que l'on constatait, l'intégration des démarcheurs dans les procédures classiques, la difficulté de retrouver les mêmes personnes assises aux mêmes bureaux dans deux semaines d'intervalle.

L'on comprend que l'administration de la SIBE voulait installer un climat enclin à la confusion et au faux.

Ribo Emalis n'était pas étranger à ces agissements, son intérêt se limitait à percevoir un quota journalier sur la somme de tous pourboiresperçus dans la maison.

Ces agissements étaient consciencieusement orchestrés par sa secrétaire particulière qui tenait également lieu de surveillante générale de la structure, de trésorière et même aux heures tardives de maitresse attitrée.

La corruption dans la société d'immatriculation avait atteint une telle ampleur que la personne non corrompue était considérée comme un marginal, il sentait çà et là à longueur de journée, des regards accusateurs d'une gente qui avait accepté d'adhérer à des pratiques complètement détournées aux conséquences capitales.

Il était nécessaire de s'interroger sur l'origine de ces pratiques, qui voyaient leurs sources dans un passé lointain que l'on ne pouvait plus déterminer parce qu'il était flou. Un matin moment où une personne avait décidé de se mettre en marge d'une société à l'époque exemplaire : « le corrompu zéro ».

Une société exemplaire, car, toute la société s'était convertie dans cette nouvelle religion de perdition, trouver normal de tout marchander, demander un pourboire sur tous les services mêmes les plus futiles.

Par ailleurs malgré que la loi condamnait fermement ces pratiques, les pages du code civil qui les mentionnaient étaient volontairement soit ignorées, soit même déchirés ; pour dire que la société toute entière ne considérait plus qu'il s'agissait d'une infraction parce que ces pratiques s'étaient incrustées fortement dans les mœurs.

L'éducation nationale n'en tenait pas compte, car il y aurait eu des programmes entiers dédiés à éradiquer les pratiques de corruption et le fait de dire que les conditions de vie étaient difficiles ne justifiait pas ces écarts, des écarts aux conséquences évidentes, définitives et parfois fatales.

Les descentes du fisc certes nombreuses ne pouvaient pas décourager les pratiquants de la corruption car les fonctionnaires des impôts s'étaient joints à la symphonie, fermer les yeux sur un certain nombre de pratiques à coups d'enveloppes pleine, alors même que la société civile agonisait.

Ribo Emalis ne pouvait pas se plaindre des conditions de vie actuelle, lui, de la tribu TAMBO, les hommes du pouvoir, un homme de grande taille bien gâté par la nature du point de vue charme, toujours en costume tiré à quatre épingles, un homme qui ne voulait pas passer inaperçu par ce signes extérieurs et ostentatoire de richesse.

Son véhicule tout terrain aux vitres fumées flambant neuf, ne pouvait pas dire le contraire, doté des dernières technologies de l'heure en ce qui concerne le confort intérieur, un véhicule de grande classe dont le seul cout faisait rêver un instituteur d'une école en plein air en périphérie, ces écoles nombreuses dans le pays qui faisait la déchéance d'un pays en plein développement.

L'éducation était malheureusement le premier perdant des méthodes de corruption, l'école publique du village Mboutang, ne disposait pas du minimum pour que les élèves puissent suivre normalement les cours, et c'est avec grand peine que Monsieur Gantchang, Instituteur principal depuis 20 ans, Directeur d'école, se rendait dans son établissement chaque matin. L'école publique de Mboutang ressemblait plus à un campement de pygmées dans son apogée qu'à une institution de l'éducation nationale. Tous les marchés de construction, de réfection, de réhabilitation de l'école publique avaient été détournés par des citoyens de l'acabit de Ribo Emalis.

Les enfants appelés affectueusement par certains « les fils de pauvres », mais qui avaient quand même droit à l'éducation, selon un texte fondamental des droits de l'homme venaient s'asseoir sur ces troncs d'arbres faisant office de table banc pour relever ce que l'enseignant avait à leur dire ce matin.

Et c'est presque les larmes aux yeux que Monsieur Ngantchang écrivait chaque matin la date du jour, la soulignait avec soin pour poursuivre avec la leçon.

Les larmes aux yeux, car il avait fréquenté dans des grandes écoles du pays, il n'avait pas fait la fine bouche quand il avait été affecté ici par le ministère de l'éducation nationale, surtout le premier jour quand le premier enfant arriva en classe.

Il avait lu dans ses yeux de cet enfant sans être un grand devin, l'avenir de la nation, l'envie d'apprendre et cette étincelle de vouloir changer les choses sans malheureusement en avoir les moyens.

Et il décida de poursuivre, poursuivre l'éducation de ces enfants, leurs donner des mots, des phrases, des verbes, des adverbes, des superlatifs pour décrire leurs conditions actuelles et planifier certainement les moyens de s'en sortir.

Dans un tout autre univers le dispensaire principal de Mingalam, ne disposait d'aucun lit pour faire face aux malades pourtant nombreux qui se présentaient chaque matin à l'entrée, ceux qui étaient blessés, ceux qui avaient un paludisme, une dysenterie, les femmes enceintes et les enfants, tous regroupé au hall attendant d'être reçus.

Le médecin, Dr Lontanétait maintenant seul et avait dû formé un jeune qui lui servait à la fois de commis de pharmacie, d'infirmier, d'aide chirurgien et même d'agent de sécurité.

Portant chaque année il sortait du personnel des écoles et facultés du pays mais personne ne voulait venir exercer au dispensaire de Mingalam, les causes en était nombreuses :

Le salaire personnel médical était le plus bas du continent, un réforme n'avait jamais été faite sur le salaire et l'état ne considérait pas comme une priorité un temps soit peut de prendre en considération la rémunération de ceux-là qui s'occupaient de leurs vieillards avec leurs hernies et leurs rhumatismes, leurs femmes avec leurs accouchements parfois difficiles, leurs enfants souffrant de toutes sortes d'affections innommables, ceux-là qui s'occupaient même d'embaumer leurs morts.

L'équipement des formations sanitaires n'était pas une priorité pour le gouvernement et même que le moindre marché d'équipement, de réhabilitation, de viabilisation des formations sanitaires était détourné, les fond étaient liquidés et le partage était fait en parts égales dans les hauts lieux du pays

Cela ne faisait plus l'ombre d'aucun doute car tous les journaux en parlaient comme un concert mais l'état n'en avait malheureusement cure.

Le métier de soignant qui était dans d'autre pays courtisé était pratiqué par des philanthropes libéraux et désintéressés, des espèces de sacrifiés qui donnaient même jusqu'à leur moindre subsistance au profit de la santé des populations.

Certains après avoir prescrit se retrouvaient entrain de prendre en charge l'ordonnance. Un valeureux patriote après avoir oui les soucis de son patient partagea avec lui sa ration journalière de nourriture.

Ils méritaient tous un coup de chapeau

De ceux-là étaient Docteur Lontam, arrivé dans ce dispensaire après sa formation, il avait été logé par la population, son salaire ne passant pas encore, il avait été nourri au gré des mécènes qui heureusement étaient nombreux dans le village.

Docteur Lontam n'avait pas le temps pour s'arrêter et réfléchir, occupé dans la journée à soigner les patients, dans l'après-midi à procéder aux interventions chirurgicales et aux accouchements, il allait s'asseoir le soir au pieds du grand baobab écouter le griot, débiter chants et proverbes, histoires d'antan, légendes des grands guerriers qui auraient existés, qui avaient bravés vents, marrées, animaux étranges de l'antiquités, gagnés des guerres et qui s'étaient subitement éteints sans raison évidente.

Etaient-ils morts au combat, de maladie, ou lors avaient-ils simplement ployé au système de la corruption qui faisait qu'aucun projet ne frappait plus à la porte du village ?

Cela pouvait expliquer qu'aucun député, aucun élu, n'osait s'aventurer dans ce village pour proposer le changement radical des conditions de vie de la population vers des lendemains meilleurs ?

Dans tous les cas, Dr Lontam avait arrêté de rêvé, une petite calebasse de boisson locale à la recette douteuse en main le rendait euphorique, et après quelques minutes d'écoute, d'observation, il se levait et regagnait son logement non sans avoir fait une courbette polie aux sages qui étaient assis là eux aussi entrain d'écouter le griot en regardant l'ambiance du village sous le grand baobab éclairé par ce grand feu de bois.

Non ce n'était pas la fin de la carrière de Dr Lontam qui allait exercer plus tard sous d'autres horizons, mais pouvait-il ignorer la souffrance, il avait décidé de faire ce qu'il pouvait, d'user de sa science pour aider et soulager ces vieillards fatigués, ces hommes, femmes et enfant ployant parfois dans la maladie, la malnutrition, les mauvaises conditions de vie et parfois d'hygiène.

Il ne pouvait ignorer ou même oublier ; cet enfant aux parents sans moyens aux mains tendus souffrant à la fois de maladie et de pauvreté, ces jeunes, avenir du village, souffrant dans la faim, la maladie et la précarité parce que certaines personnes, avides de gains avaient refusés d'escorter jusqu'à eu des programmes de développement, des programmes alimentaires, des cargaisons de médicaments qui pourtant gisaient dans certains magasins des grandes bureaux de la ville ?

Ils avaient ignorés tous les projets et les propositions de développement faits par des concitoyens préoccupés par le sort de la population et s'étaient contentés de les ranger dans les grands tiroirs où gisaient dans le noir, l'avenir d'un pays riche, quelques papiers apparemment insignifiants avec des procédures des marches à suivre, parfois des monographies, des mémoires et des thèses entières qui étaient passé aux oubliettes.

Créer le grand mythe de la société corrompue était leur programme unique secret, une société sans régulation, une jungle permanente, des endroits où les plus capables se disputaient l'argent et les biens, l'anarchie, diviser pourrégner ou alors diviser sans mêmerégner, amener un semblant de capitalisme dans une société où la majorité manquait de pain quotidien.

Pour revenir en arrière, l'on pouvait se demander, Quelle personnalité Ribo Emalis, le directeur corrompu ou ceux qui avaient voulu lui ressembler pouvait-ils avoir, des hommes et des femmes assis derrière des grands bureaux feutrés sans personnalité, sans moralité, sans dignité, sans fierté, des hommes et des femmes en col blancs homme rien que cela, quelle éducation pour leurs enfants, quelles valeurs allait-ils leur transmettre, s'ils devaient écrire un modèle social de quel modèle s'agirait-il ?

Ce n'était à proprement pas parlé la préoccupation de Ribo Emalis, lui qui après des marchés aussi corrompus les uns que les autres passés dans la journée, réunions entachés de surfacturations de théâtre et de secrets de polichinelle après avoir récolté son quota sur les pourboire de la journée dans la société, allait s'asseoir dans la buvette huppée de la place, les poches pleines, les valises pleines d'argents illicites, indument entachés de la souffrance de personnes qui malheureusement n'avaient pas les moyens de s'asseoir dans les endroits où il s'asseyait, entouré de filles de joie, le table remplie de meilleurs crus et de délices de tables, il pouvait noyer et étouffer chaque jour sa conscience, et c'est dans des lueurs fortement alcoolisées qu'il regagnait son véhicule ou l'attendait son chauffeur Barka qui n'avait même parfois pas le droit de descendre, mais qui consciencieusement le conduisait à des heures indues à son domicile, le jour où il avait daigné y passer la nuit.

En définitive, le reproche que faisait Ribo Emalis à sa nièce qui était partie avec une somme d'argent colossale, mais plutôt modique au regard de ce qu'il récoltait illicitement tous les jours, n'était pas fondé, ou alors il n'était pas mesuré au regard de la vie que menait Ribo Emalis lui-même.

Combien de temps allait-il sévir ? Allait-il mettre sa société en faillite ou alors serait-il capturé par les autorités judiciaires pour rendre des comptes ? La justice divine allait-elle sévir via une maladie du pancréas, du cœur ou des vaisseaux au regard des bombances auxquelles il se livrait ?

Il va sans dire que Ribo Emalis ne mesurait pas que toutes ses options de sortie étaient incertains et toutes menaient inexorablement vers sa perte.

Ribo Emalis était-il un kamikaze, ces guerriers réputés qui se jetaient sur un objectif et le détroussaient en perdant leur vie, il va sans dire que la cause pour laquelle il combattait était difficile à voir, elle était même inexistante, car il s'agissait simplement d'une personne qui était là pour piller, vivre une vie de bombance et d'excès démesurés et partir sans connaitre exactement ni son temps ni sa destination, un véritable inconscient.

Il existait malheureusement des personnes du même acabit, de la même trempe, avec la même philosophie nihiliste, qui plongeait inexorablement le pays dans le noir, les anti-combattant du progrès, ceux-là dont il aurait fallu regarder la moralité, le background avant de leur confier la gestion de grosse entreprises sensibles.

Ou alors l'état de ce pays était dans une logique du partage national du gâteau en sachant parfaitement l'issue d'un certain nombre de nominations à de grands postes de responsabilité.

Ce serait une façon facile de voir les choses. L'état n'est-il pas composé d'hommes conscients?

Il faudrait, pour nous, penser à la fin un certain nombre de personnes à l'éducation à la moralité au background irréprochable, des hommes éprouvés, étudiés pendant de longues années, qui serait désignés pour prendre les rênes des grandes entreprises pour la société modèle, une république exemplaire, fondée sur une culture et une éducation et un fonctionnement axé uniquement vers l'intégrité. L'intégrité enseignée dans les écoles, dans les sociétés, les entreprises et les structures publiques et privés.

Enseigner aux hommes l'intérêt d'un gain honnête et la récompense que peut constituer une retraite paisible remplie d'expériences passées édifiantes dans le sens du développement de la société, de l'épanouissement général, jouir de sa retraite avec un gain honnête.

Il faudrait intégrer la joie et le plaisir qui viennent du fait d'avoir développé et participer à l'émergence d'une république exemplaire.

Afin de construire une société d'hommes de valeur il faudrait certainement instaurer une culture du travail acharné désintéressé et du gain honnête.

CHAPITRE 2 : FILLES DE JOIES

Les statistiques hospitalières ne semblent faire peur à personne, dans une société ou sexe et alcool n'ont plus de limite d'âge, il n'est pas étrange de constater combien certaines sociétés se sont transformées peu à peu. L'histoire de la ville de Riboa est celle d'une ville où la moralité a complètement foutu le camp, nous découvriront combien la débauche et l'alcool peuvent transformer complètement la société.

Chloé vivait à Makon depuis plusieurs années et était gérante d'un bar de la place, dès qu'elle s'asseyant à 16 heures c'était jusqu'à la fermeture. En fait l'on ne savait plus si elle était une cliente, une vendeuse ou une promotrice du petit bar « la rosée » qu'elle avait acquis il ya quelques années dans une entreprise fort mafieuse. Ce soir-là, Vijé et son ami Otoung étaient dans leurs virées quotidiennes, bon ami c'est trop dire, occupant une position de choix dans la ville, Otoung était un peu le bon parti qui avait un seul défaut, il ne savait pas parler aux femmes, or Vijé était dans son élément, il savait placer les mots croustillants qui touchaient les filles en langue vernaculaire.

Une tournée après l'autre, alors que les attention et les gardes baissaient, et plus Il embrasait la table dans une ambiance de rire, d'histoires à dormir sur la tête, les regards des filles étaient éméchés par les effluves d'alcool et quelque chose de plus.

A oui, Otoung ne cessait de tâter son porte-monnaie, un billet après l'autre, il se vidait.

Chloé, la gérante qui était déjà elle même devenue une cliente et grande consommatrice était la star de la soirée, elle n'avait pas manqué de s'entourer de deux copines, des fille d'un âge moyen dont le devoir était de parcourir à partir de 16 heures de l'après-midi les points chauds, les unes après les autres, à l'affut d'un sage dépenseur à plumer. Elles n'avaient pas manqué avant de quitter la maison de mettre un habit moulant complètement juste au cours pour mettre en exergue les formes les plus convoitée, un postérieur aguicheur et une poitrine à peine recouverte, un making up et une coiffure à la mode des grandes séries télévisées de l'heure.

Bon il y avait quand même en poche de quoi prendre une ou deux premières bières, juste de quoi ne pas faire croire qu'elle était complètement démunie, or ces intentions étaient claires quand elle quittait la maison, dévaliser la banque.

Avec deux filles de ce genre, Otoung et Vijé savait qu'ils n'allaient pas 'ennuyer.

Après une soirée bien arrosée, la soirée finissait sur le divan pour l'une et à l'auberge pour l'autre.

Et puis le matin à quatre heures, il fallait rentrer, Otoung et Vijé ne pouvait surtout pas terminer la nuit dehors.

Des soirées comme cela, ils en avaient connu, mais n'avait pas encore compris les grandes leçons

C'était des soirées ou l'argent allait dans un seul sens, ou les filles allait se goinfrer, bien boire et même se réserver l'argent du marché du matin et où, avec regrets, Otoung et Vijé allaient rentrer avec à peine de quoi assurer la journée du lendemain.

Et chaque jour, Otoung et Vijé pensait rencontrer la princesse charmante, cette fille de rêve qui allait calculer ce qu'on avait dans la poche pour ne pas le dépenser et ou malheureusement on se rendait compte qu'elles étaient plus identiques les unes que les autre.

Une petite voix leur répétait chaque soir que la meilleure était celle avec qui on décidait de passer sa vie, mais pourquoi ne l'écoutaient-ils pas cette voix?

Chloé et ses copines étaient juste trois filles qui un soir avait décidé de gagner leurs vies de la mauvaise manière et maquettant de naïfs larrons.

Comment en étaient-elles en arrivées là ?

Nina la copine de Chloé était issue d'une famille sans argent, vivant dans la maison de leurs feu père, à son départ il ne leur avait rien laissé, mais alors rien, elle avait enchainé boulot sur boulots, ménagère, vendeuse, serveuse dans un snack. Malgré son malheur, sa beauté attirante avait fait d'elle une égérie en ville, elle se faisait draguer par des hommes en général voyageurs ou mariés qui l'abandonnaient après l'avoir abusé, elle avait connu quelques phase de « bonheur » d'une semaine à quelques mois de durée qui malheureusement étaient indépendantes les unes des autres.

Par ailleurs ces histoire avaient parfois une fin triste, plus d'une fois elle avait été ridiculisée fois en recevant une bastonnade publique dans un super marché ou même au marché de vivres par des épouses qui n'avait pas avalé la pilule, surtout que tout se savait dans cette ville de Rimoa et l'on en venait même à se demander pourquoi Nina ne l'avait pas encore compris.

D'une soirée bien arrosée avec un homme marié, lui naquit un garçon qu'elle était obligé d'élever tout seule devant l'impossibilité de voir le géniteur.

L'histoire de Nina quoiqu'unique est une histoire que l'on entend souvent, une fille abandonnée à son sort obligée de travailler pour un salaire de misère pour élever son enfant ; ceci, à la merci du premier dragueur qui lui raconterait monts et merveilles pour terminer les soirée d'un début romantique dans des lieux inattendus, des soirée où elle allait être parfois à la merci de n'importe quelle pervers sous l'effet de l'alcool.

La répétition de ces soirées infructueuses commençait à faire poser des questions sur la personnalité de Nina. Ne se cachait-il pas en elle, l'âme d'une masochiste qui aimait s'asseoir sur des tables de snacks et s'engager dans des soirées dont elle connaissait la déjà un peu l'issue ?

Devant son faible pouvoir d'achat, l'incertitude du lendemain, il pouvait même naitre en elle des tendances suicidaires, un comportement au bord du suicide sinon comment expliquer qu'elle puisse s'engager avec des inconnus dans des relations à l'issue commune.

Cela va sans dire, Nina est la représentation d'une génération qui malheureusement ne mesure plus la portée des actes.

Peut-on s'engager dans une relation au pif, avoir des relations sexuelles parfois non protégées le premier soir sans courir le risque d'une grossesse ou de maladie.

Le degré de consommation d'alcool des jeunes à l'heure actuelle n'est-il pas une prémonition de futurs remaniements épidémiologiques vers des maladies hépatiques chroniques, complications d'alcoolisme chronique.

La consommation d'alcool dans les bars par les jeunes prend des dimensions sans précédent ; si le nombre de bars dans la ville de Riboa par kilomètre carré était un chiffre record, ils étaient toujours occupés par une population de plus en plus jeune, de plus en plus variée, recherchant plus de sensations.

Si c'était une chanson, on l'aurait intitulé : « Variations autour du thème bar ». Ces derniers mettaient le paquet pour attirer le jeunes, plus de déco, pus de musique, des serveuses aguicheuses, localisation facile à retrouver, campagnes publicitaires. Parfois c'était des amis qui en faisaient la promotion.

- Est tu déjà arrivé à Arizona bar ? Il ya une serveuse là-bas. Du canon !

Et le lendemain, le tiers de la ville s'y retrouvait.

L'état au nom de la libéralisation de l'économie n'a jamais fait quelque chose pour réglementer la consommation de l'alcool, on y retrouvait parfois assis à des tables voisines, le commissaire ; le préfet, le commandant, le boutiquier, le proviseur du lycée, mes gars de terminale qui prenaient une « dernière » tournée interminable avant de rentrer à la maison les jours où ils y parvenaient.

Comment ces mêmes autorités allaient procéder pour dire aux jeunes de ne pas s'y rendre pour consommer de l'alcool, eux qui se passaient parfois les filles comme des clopes de cigarette, les plus jeunes aidant par fois à draguer et attirer une fille qui était un peu difficile dans la journée. Le climat tamisé et les effluves d'alcool rendant certaines choses faciles, les noms et les titres s'envolant pour laisser la place aux prénoms, dans un brouhaha général rythmé par les rires des filles, la musique des DJ et les commandes des différentes tables.

Un brouhaha ou malheureusement le seul qui mettaient l'ordre était le Disc-Jockey qui avec sa platine de sonorisation enchainait rythmes de l'heure en choisissant particulièrement les sons aux paroles croustillantes, l'alcool faisant le reste.

Les jeunes ont été parfois poussés sur vingt à trente ans dans une lobotomisation collective, on ne restait au travail que 2 à 3 heures, le temps de ranger un dossier, les réunions étaient écourtées, on pouvait s'attendre au plus à une dizaine de Start up tous les dix ans, ceux-là qui avaient décidés de rentrer à la maison , pour se reposer, se remuer les méninges pendant que leurs anciens camarades de classes des années précédentes après un poste moyennement rémunérant allaient de bar en bar, de taxis en taxis pour retrouver le meilleur programme de la soirée sans véritablement savoir où celui allait s'achever.

Une jeunesse qui se retrouvait subitement la veille des élections législative ou présidentielle à sympathiser avec un candidat quelle ne connaissait que très peu, une jeunesse qui se retrouvait subitement la veille d'une épidémie mondiale trimbalés contre vent et marrée, Une jeunesse qui n'écrivait plus que pour la congratulation de leurs congénères sans avoir l'envie d'un véritable changement social.

Leurs travail devant se limiter aux regrets et aux insultes dans les réseaux sociaux lorsqu'ils estimaient que leur égo étaient offensés, sans trouver nécessaire de sortir de leurs zones de confort, anticiper et proposer des solutions, créer pour le bien être, l'amélioration de la qualité de vie.

Une jeunesse rebelle : « Tu fais la morale à qui ? » dit l'autre musicien. Une jeunesse qui veut vivre dans un chaos qu'ils ont préparés eux-mêmes minutieusement en échangeant statut, photos, vidéos, pensées empruntées à des grands penseurs sans même en saisir la profondeur ou même avoir la délicatesse de d'étudier la philosophie de leurs auteurs.

Alors que ces mêmes réseaux sociaux qui les utilisent comme un vil morceau de pain, les propriétaires étant clairement cotés en bourse, ces mêmes réseaux pouvant être utilisés comme tremplin professionnel servant de CV ou de motivation.

On voulait leur dire que l'anticipation est l'art de sortir de la zone de confort, mesurer les conséquences futures, prendre le temps pour s'y préparer dans une certaine santé, au risque d'affronter sans armes les frasques économiques qui s'annoncent chaque fois qu'une catastrophe transforme la planète.

On voudrait leur dire que la pensée critique se développe pendant plusieurs années et est un outil ultime de prise des décisions dans une civilisation qui en exige plus tous les jours, plus d'argent, plus de temps, plus de ressources, mais également plus d'analyse, plus d'aptitudes psychologiques devant les choix plus multiples que variés.

On voudrait leur dire que si « un tiens vaut mieux que deux tu l'auras » justifie la nécessité de se jeter vers un emploi rapide et précaire, il faut se préparer néanmoins à une société de consommation plus vorace, une jungle moderne, il faudrait se préparer à aller loin et donc préparer sa monture.

CHAPITRE 3 : O CELIBATAIRES !

Dimba est le village ou il faut être !!

On l'aurait dit quelques mois plutôt, maintenant on était prêt à dire exactement le contraire.

Pour comprendre il fallait aller revenir des mois en arrière.

Le cadre professionnel était difficile, et il fallait de plus en plus penser à changer, Jamba était de ceux qui croyaient qu'un travailleur devait se retrouver de temps en temps complètement coupé de la civilisation, déconnecté pour que son cerveau puise avoir le temps de ranger ces multiples préoccupations de la journée. La structure commerciale « Grand Misaro » dont il assurait la comptabilité ne lui laissait parfois pas des moments de distraction. Les dossiers tous aussi costauds les uns que les autres ne laissaient que très peu de place aux moments d'évasion. Ils avaient d'ailleurs eu ces derniers temps un dossier de contentieux judiciaires où un ancien employé de la structure avait porté plainte pour licenciement abusif, un prétexte pour lui pour mettre à jour la comptabilité, surtout que Monsieur Kamboa, l'employé avait décidé de mettre à jour les véritables activités de la maison longtemps suspectée de faire du blanchiment d'argent. Une accusation dont ils s'étaient défendu avec brio et étaient même en passe de gagner le procès quitte à verse Monsieur Kamboa, une prime d'indemnisation.

C'est après l'un de ces après-midi qu'il avait fit la rencontre tout à fait par hasard de Prunelle, il croyait qu'il allait encore passer une soirée morne dont il avait l'habitude depuis quelque temps derrière une bière chez « jacky », le bar en face de l'entreprise. Prunelle était une personne fort charmante, depuis ses lèvres pulpeuse, sa taille fille, elle avait mis pour l'occasion un kabba ample mais qui ne cachait rien de ses formes suggestives.

Que faisait-elle d'ailleurs là, son regard charmeur, avec un maquillage fin la rendait encore plus attirante.

- Bonjour ma chérie. Vous attendez quelqu'un ?

Appeler les jeunes filles ma chérie semblait s'incruster dans les habitudes et les filles aimaient cela, çà les mettaient en confiance.

- Oui tout à fait Monsieur, répondit-elle en hésitant.

Les bras croisés, s'appuyant sur la barrière de l'entreprise, elle semblait manquer d'assurance.

Hésitant, lui aussi qui avait le manque d'inspiration ne voulut pas laisser tomber une pareille occasion.

- Mademoiselle, dit-il, permettez-moi de vous dire que je n'ai jamais croisé une fille aussi charmant que vous.

C'était si simple de la faire sourire, elle décocha son sourire des grands jours permettant à Jamba de continuer.

- Que puis-je faire pour vous revoir ? lanca-il en la regardant du coin de l'œil. Pas très sûr de lui cette fois ci.

- On a qu'à s'appeler. Dit-elle.

Ils échangèrent leurs numéros et leurs prénoms au passage, et il se dirigea vers le parking, prenant du temps pour aller monter dans sa voiture après déblocage à distance, une toyota starlet bien entretenue dernier modèle, une coupe de célibataire, il pensait que cela pouvait aussi jouer en a faveur.

Après avoir manœuvré dans un créneau minutieux dont il l'avait l'habitude, il prit le chemin de la ville, il ne manqua pas de décocher un regard vers la fille à travers le rétroviseur. Un sourire illuminait son regard pendant qu'elle manipulait son téléphone, il se dit qu'il avait de l'espoir.

Ce soir la soirée se passa dans les nuages, il manqua d'écraser les vielle maman qui vendait les avocats devant chez Jacky en prenant un « Mon fils, c'est quoi ça ? » qu'il prit avec bonne humeur :

- Excuse-moi la mère, décocha-il en souriant.
- Oh, s'exclama-elle, fait attention !

Jamba passa la soirée devant une bouteille de bière brune habituelle qui n'avait pas le même gout que d'habitude. Il avait hâte de revoir cette fille.

Une dernier bière qu'il prenait presque religieusement tous les soirs en faisant le point sur sa journée, les points forts, les leçons à tirer, les faiblesses, une moment qu'il passait seul dans une table du fond, il avait le temps de lancer un bonjour impassible au vendeur et passer sa commande.

Il arrivait même que celui-ci s'asseye sans dire un mot, le vendeur allait alors venait avec sa bière préférée, une « Saxo » glacée, qu'il allait avaler gorgée par gorgée en savourant ces moments et l'impression de travail terminé.

LA solitude, Jamba en avait à revendre, il vivait encore dans la cité universitaire et ses voisins savaient très peu sur lui, il préférait que les choses demeurent telles, grand solitaire, il croyait toujours qu'une grande familiarité allait entraine à ce qu'il se face mépriser, il gardait donc de bonnes distances préférant arriver à son appartement en début de soirée quand chacun était dans son appartement

Cette distanciation était également un facteur répulsif, un grand mystère régnait autour de Jamba, un comptable juste correct, sans excès ni dans la manière de se chausser, de s'habiller ou de se coiffer. Cette attitude déclenchait parfois des inquiétudes chez des gens, précisément chez ses parents qui se demandaient s'il était « normal », comme c'était le cas chez tous les parents qui à un certain âge se demande si leur fils se marierait un jour. Ces inquiétudes, Jamba les connaissait mais feignait de les ignorer.

On peut même dire que l'envie de découvrir la jente féminine avait été sa motivation lorsqu'il s'était lancé vers Prunelle cet après-midi-là. Oui des filles il en avait connu, mais généralement leurs relations avait été platoniques. Ni Lydia l'enseignante, ni Amilia l'infirmière, les filles qu'il avait connu des années avant n'avait déclenché chez Jamba, la flamme voulue.

Cette jeune fille semblait dégager un naturel, délibérément simple qui attira l'attention de Jamba. Il croyait aussi qu'elle était intelligente, on ne sait comment mais il y croyait.

Dans tous les cas, le jour suivant à 16 heures, il composa le numéro de Prunelle, ils prirent rendez-vous dans un restaurant de la place, et toute la soirée, il vit une fille vive et très intelligence, il sentit a peine le gout du poison d'eau douce préparé à la vapeur qu'ils avaient commandé arrosé d'un peu de vin. Il fut sublimé par son regard et sa façon de parler.

Il appris qu'ils habitaient dans un village voisin à 5 kilomètres et proposa de la raccompagner, elle lui appris qu'ils avaient une fête des jeunes ; des jeunes venant des villages voisins se retrouvaient dans une grande soirée dans sante.

Il allait improviser et proposer de la déposer, et c'est comme cela qu'il allait découvrir Dimba, petit village d'une dizaine de cases, rien de vraiment attractif, les cases serrées les unes contre les autres avec un centre là ou allait se passer la fête.

Il fut reçu comme un pacha, une jeune de la trentaine qui accompagne une fille en voiture c'est toujours bien vu au village.

Il fut emporté dans cette fête, se trémousser à tous les rythme de l'heure proposés par le DJ, en buvant tout ce qui lui était proposer, un peu éméché quand l'heure vint de se serrer les uns contre les autres dans une musique langoureuse, il commença à ressentir que son corps ne lui obéissait plus, non sans gêne, encouragée par la jeune fille qui se blottissait contre lui.

Il ne réalisa pas que le temps passait, un coup d'œil vers son portable lui fit constater qu'il se faisait tard, il dû prendre congé non sans avoir échangé avec la jeune fille un baiser langoureux à l'entrée de la voiture.

Au fil de nombreuses visites, Jamba allait connaitre habitants de Dimba, sa mère, une vielle dame très enthousiaste, Ils allaient s'asseoir au hangar en bordure de route, point de rencontre des habitants du village, ou était servi une boisson blanchâtre issue des palmier et alcoolisée appelée ici « Alen », vin de palme, le trait d'union du village, le coins ou tout se disait ou les hommes venaient s'asseoir tous les jours sans exception.

Prunelle malgré ses airs intelligents ne semblait mener aucune activité ici à Dimba, ce qui désillusionna fortement son invité.

La population de Dimba brillait par son inculture, semblant réduire tout au niveau de connaissance à ce hangar, les jeune femmes comme jeunes hommes du village passant leur temps derrière un vers de cette boisson locale qui semblait de plus en plus rythmer leurs vie.

On pouvait entendre dans ce hangar toute sorte de distorsion de l'actualité, ce lieu situé à 5 kilomètres de la ville ou même le réseau téléphonique n'arrivait que très peu

Les hommes faisaient un tour furtif aux pièges ou à la récolte du vin de palme tandis que les femmes, celles qui en avait de l'énergie et dont les époux avaient une parcelle de terrain faisait de la culture.

Ces villages situés non loin des villes sont souvent les lieux de refuge pour des jeunes voleurs ou des petites prostituées qui une fois arrivées en ville se fondent à toute la population.

Il est nécessaire de considérer la nécessité d'éduquer cette jeunesse restée au village sans espoir ni éducation, complètement déconnectée de tout mais qui dans les apparences.

Prunelle habitant chez sa grand-mère abandonnée là des années plutôt était une victime, victime d'un système social très sélectif ou elle avait été obligée de quitter l'école très tôt.

Jamba continua de voir Prunelle, mais il va sans dire que l'enthousiasme du départ n'était plus identique.

Il croyait que toute jeune femme avait droit à l'éducation et s'en voulait déjà d'avoir entrainé cette jeune fille qui aurait pu suivre sa scolarité normale, et poursuivre le combat de ses congénères dans le développement du pays.

CHAPITRE 3 : C'EST BON LA VIE !

Ce titre de Nana Mouskouri, Chanteuse célèbre peut se fredonner en toutes circonstances dans une Afrique où la joie de vivre est le principal leitmotiv.

Aspirer à la réussite est le dessein de tout jeune qui s'engage dans la vie active, réussir dans son foyer, ses études, sa famille, avoir un impact social.

Tout comme chaque jeune homme, chaque jeune fille a forcément un avenir, journalisme, soignante, dame d'affaire ou grande magistrate, il est forcément une direction à prendre.

Natacha avait choisi sa direction mais était-ce la bonne ?

Depuis que pour la première fois au lycée, sous se palmier, ce beau palmier par ce bel après-midi, Nicolas lui avait dit qu'elle était belle, qu'elle avait les lèvres pulpeuses, les yeux dormeurs et brillants, évasifs et rêveurs (lui seul savait ce que cela signifiait ensemble), il avait ajouté qu'elle avait une démarche de fée et qu'elle était venu sur terre pour rendre la vie belle.

Depuis ce jour, depuis cette minute, depuis cet instant, elle avait décollé, ses pieds ne touchaient plus le sol, elle vivait dans un nuage, elle se voyait facilement miss pays, femme du président de la république, ou même grande directrice générale.

Nicolas même ne signifiait plus rien à ses yeux.

Il pouvait la contempler rêveuses pendant des heures, lui écrire des poèmes, pour lui dire encore comment elle était belle, et puis se nom russe.

Nat avait aimé Nicolas, non pour ce qu'il était, un vulgaire camarade comme un autre, c'est vrai qu'il avait attiré par sa poésie, c'était le plus grand poète de l'établissement. Ses notes comptaient-elles ? Ses ambitions comptaient-elles ?

La vie n'était-elle pas belle ? Et ainsi faite ? Le temps ne pouvait-il pas s'arrêter ici là au lycée, alors qu'on lui avait déjà révélé ce qu'elle était ? Une vraie fée, telle qu'il n'en existait pas et qu'il n'en existerait plus?

Elle se voyait partout, sur ces affiches de publicité de produits de beauté, un mannequin ; ou alors sur des télés comme présentatrice de journal, fallait-il faire l'école, était-ce utile ?

Alors, ce charabia du professeur de mathématiques, ou encore ces gribouillis bizarres du professeur de physique –chimie, n'avaient plus aucun sens à ses yeux.

Le rôle de Nicolas ? Un découvreur de talent, ou de beauté.

Toutes les femmes sont belles. Non. Moi Natacha je suis belle.

Alors sa famille, son père, sa mère, dont elle avait pourtant hérité des traits ne comptaient plus.

Ce retraité ventru, qui lui lisait souvent la bible le matin avec ses frères ou cette femme qui voulais lui enseigner les rudiments de la maison, comment repasser, comment, préparer. Comment se tenir comme jeune fille.

Pour elle leur rôle se limitait de l'avoir mise au monde, elle se voyait de sommet en sommet, de de réussite en réussite.

Pourquoi Nicolas, Pourquoi avait-il dit cela à Natacha ? Pour obtenir son attention, pour obtenir une soirée.

Oui il y était parvenu. Un soir pendant qu'elle rêvait, Un soir pendant qu'elle rêvassait, pour un verre de ces liqueurs-là, pour un de ces plats exotiques dans un lieu huppé de la place, elle s'était retrouvé entre des draps, a se tortiller de pleurs, de rire, de douleurs et de regrets aussi.

Et Nicolas. Nicolas le malin, après avoir obtenu ce qu'il voulait, s'était éclipser de la scène.

Il l'avait plantée là.

Plantée dans ses rêveries, dans sa torpeur, les choses s'était passés tellement vite et elle n'avait pas pu réaliser la rapidité avec laquelle il avait procéder, cela avait même selon elle ajouté à son charme, « un homme habile de ses mains ».

L'avoir transporté dans les sommets, l'avoir porté un peu haut. Mais néanmoins, sa virginité elle avait du faire une croix. Une petite larme tout de même.

Etait-ce le début de quelque chose.

Elle croyait avoir gagné quelque chose. Connaitre qui elle était vraiment. Mais, quelle en était l'utilité.

Alors commença une autre vie, elle décida que puisqu'elle était déjà une adulte elle devait changer, Changer de façon d'être, de faon de s'habiller de façon de marcher, de façon de regarder les gens.

Et elle le fit si bien.

Déjà Natacha était la fille la plus remarquée du quartier, des hommes se retournait pour la voir partir, elle sentait le regard, le désir. C'est vrai il y avait quelque chose dans cet œil qu'elle n'arrivait pas à décrire, mais bon.

Natacha était malheureusement une classe de fille qui malgré qu'elle n'avait rien commencé était déjà sur une piste tortueuse et glissante. Pouvait-elle être rattrapée.

Existe-t-il un chemin tout tracé ? Une route où forcément on est sûr qu'on réussira.

Peut-être bien que non, peur être bien que oui, il existe tout de même un ensemble d'expériences qui ont été bâties par des personnes, un nuage de causes avec des conséquences similaires.

Il ne s'agissait pas d'un moule, mais certains disaient que certaines mauvaises attitudes, certaines mauvaises habitudes si elles étaient maintenues, certaines mauvaises compagnies si elles étaient maintenues, certaines indisciplines si elles étaient entretenues pouvait conduire sur des pistes difficiles.

La porte étroite, celle que peu emprunte a souvent l'aire rébarbative, tu ne sortiras pas, tu réviseras tes leçons, tu ne traineras pas avec la bande, tu éviteras les filles dévergondée, une espèce de code qui entraine irrémédiablement vers une sélection.

Forger un caractère, être plus mature pour avoir su attendre le bon moment, ce qui est bien pousse certainement à un meilleur résultat.

Un algorithme, un ensemble de choix, de jouissance précoce ou de privations mesurées selon ce que l'on veut être.

Déguster la meilleure nourriture, se fait forcément avec une bonne préparation, tous les bons ingrédients, mis dans l'ordre, les uns après les autres, un température de cuisson adéquate, dans une marmite adéquate, cela peut même aller jusqu'à la façon de présenter son plat, ou choix la boisson qu'il faut, au moment adéquat.

Une cuisson ? Non. Mais l'art avec lequel le cuisinier prépare et présente, parfois à la télé, dit tout de se qu'il attend, une belle image, un moment inoubliable.

La vie se résumera dont à un ensemble de calculs, ce ne sera donc pas confortable.

Siroter à cinquante ans un cocktail sous un coucher du soleil sur sa véranda, la conscience tranquille, a forcément un prix à payer des années avant.

Admirer son fils ou sa fille venir nous rendre visite avec son épouse ou époux, dans la joie, un après-midi dans son appartement en campagne, même cet instant-là peut être préparé des années avant.

La suite de l'histoire de Natacha était tout à fait prévisible.

Nombreuses étaient-elles qui l'instant d'une soirée arrosée avaient choisi de sacrifié à l'incertitude ce qu'ils pouvaient garder pour de lendemains meilleurs.

Ce sacrifice était-il utile ?

CHAPITRE : ECOUTEZ LA RADIO

EN se rendant chez son coiffeur comme chaque dimanche, Pency se retrouve très vite à discuter de sujet très actuels.

Pency : C'est triste dans le coin, tu as deuil ? Pourquoi ne nous nous mets tu pas une musique du moment ?

Le coiffeur : Pourquoi pas ?

....

Pency : C'est ça que tu suis d'habitude ?

Le coiffeur : Qu'est-ce qu'il a mon son ? Ce n'est pas moi qui l'ai écrit mais si tu veux je l'aime bien, ce sont les musiques de chez nous, entrainantes...tu vois tu as déjà envie de danser.

Pency : Une musique est-elle uniquement faite pour danser ?

Le coiffeur Oui. Une musique est faite pour danser ; si tu te rends à une fête et qu'il n y a pas de musique que feras-tu ?

Pency : D'accord c'est pour danser mais regarde ce sur quoi tu danses,

Le coiffeur Je pensais qu'on allait sur la base d'une musique, combinaison de sons agréables à l'oreille ? C'est agréable, c'est assez agréable, je trouve, les notes sont bien choisies, les harmonies sont bien faites tu sens la qualité des musiciens qui ont interprété ce son.

Pency : Pourquoi écoutes-tu une musique ? Uniquement pour danser ?

Le coiffeur Bof ! Ne nous prends pas pour des arriérés, ces musiques nous servent également à passer l'éponge sur la journée..

Pency : Ah ! Oui ! Pourquoi passer l'éponge sur la journée lorsque l'on s'enfonce d'avantages, pourquoi passer l'éponge sur une journée en créant plus de problème qu'on en avait avant ?

Le coiffeur Tu Crois ? Moi je pense que tu réfléchis trop !

Pency : Existe-t-il un état ou l'être ne pense pas ? je suis une musique en langue locale certes mais tu as l'impression de suivre un film porno, toutes ces invectives, toutes ces allusions au-dessous de la ceinture, toutes ces onomatopées sorties fraichement d'une auberge

Le coiffeur Je crois que tu vas un peu loin. Un son, on le suit, tout le monde l'aime, il y en a même qui deviennent des disques d'or.

Pency : Oui si tu veux. Veux-tu que la culture de ton pays soit représentée par un chanter obscène ou pornographique, vas-y…Le fait de dire que cette musique est un disque d'or est-il une garantie quelconque de bonne moralité ? Un jury est constitué de personnes qui si elles ne définissent pas d'abord les raison de leur rencontre peuvent primer n'importe quoi.

Le coiffeur C'est la promotion de notre culture, le rythme, les habillements, les faits divers.

Pency : La promotion de quelle culture ? C'est vous qui l'avez rendue ainsi votre culture, vous avez voulu que votre culture soit le reflet des mœurs, vous avez voulu qu'à l'international notre pays soit celui de la dépravation dans tous les domaines, une chose sans identité, sans morale pour impacter une génération de libertinage, libre de faire n'importe quel choix..

Le coiffeur Pourquoi pense tus qu'un musique d'aujourd'hui peut influencer les choix de la génération de demain

Pency : Je crois que nous avons le devoir de laisser à nos jeunes une éthique, une éducation et une certaine déontologie, or, j'observe que de plus en plus les producteur mettent sur le marché à coup de millions des musiques déjà mal écrites, d'un niveau littéraire bas et d'un style dont on connait très bien la provenance. Il s'agit là d'un message très clair donné à la génération actuelle, la censure qui était jadis la gardienne de la morale n'existe plus ou très peu, si ce n'est pas de l'anarchie, cela s'en approche.

Le coiffeur Je crois que tu veux une éthique il y en a, lorsqu'ils suivent la musique religieuse, ou alors ces célèbres chansonniers…

Pency : Je crois que la société entière devrait transmettre un message à la jeune génération, un message de personnes au travail qui préparait leur avenir…

Le coiffeur Je crois qu'il y a les livres pour cela

Pency : La chanson doit emboiter le pas, les proverbes, les réflexions pour la pensée pour le développement, pour une vie dans un monde meilleure, c'est ce que l'on doit trouver dans nos textes.

Le coiffeur Cà c'est carré, on ne va plus danser, il y a des moments pour le divertissement

Pency : Oui il y en a pour le divertissement mais je crois qu'il y en a trop. A quelle heure, le vendeur du coin met son haut-parleur, celui de mon quartier c'est à sept heures du matin.

Le coiffeur C'est un peu exagéré.

Pency : Tu crois que c'est faux si tu veux arrives chez moi le matin

Le coiffeur Je crois que si je te saisis bien ton idée est que la musique actuelle laisse coure et encourage la débauche mais je veux savoir comment.

Pency : Mon frère, tout est une histoire de programmation. Combien passe-ton un son à la radio pour en faire la promotion ? Parfois une dizaine de fois. Pourquoi désigne-t-on les émissions sous le terme de programme, il s'agit de programmer les public, leur faire baisser la garde, leur faire tolérer certains langages sinon carrément leur inculquer des réflexions voulues par une société capitaliste de consommation, sinon pourquoi irait-on dans un bistrot sinon pour écouter la musique, danser et se laisser aller petit à petit dans une torpeur ou l'on ne peut plus choisir

Le coiffeur Je crois que tu exagères, tu prétends que tout ceci est organisé

Pency : Oui je crois que c'est organisé, pour nous faire consommer des biens, des boissons encore plus toxiques les unes que les autres, ces alcools…

Le coiffeur Tu es hors sujet

Pency : Non ! Je suis parfaitement dans le sujet, vous avez la propension à fuir la réalité et à vous cacher. Qui se souviens d'une conversation dans une discothèque avec tous les volumes au maximum ou l'on était pourtant sensé discuté, Tu parles de sons agréables à l'oreille, c'est vrai ils le sont mais je crois qu'ils laissent un gout amer

Le coiffeur Comment ? Explique-moi

Pency : Une musique suivie dans un bruit impossible avec des effluves d'alcool, ces sons pornographiques qui amènent nos jeunes à se laisser aller à la fornication avec des lendemains au gout amer, cette musique, la taxerais-tu d'agréable

Le coiffeur C'était son objectif premier

Pency : Mais elle s'en est écartée

Le coiffeur Bof

Pency : Je crois qu'il est question que nous apportions au jeune…

Le coiffeur : Et le Choix qu'en fais-tu ?

Pency : Quel choix ?

Le coiffeur : Oui le choix de suivre telle ou telle musique, d'aller dans tel ou tel milieu, le jeune a ce choix, faut-il le lui enlever

Pency : Il faut l'aider à Choisir en lui expliquant les biens fondés

Le coiffeur : Si tu veux

Pency : Mais je crois que une jeunesse responsables est une jeunesse qui a su faire ses choix et connaissant bien les conséquences et si toute la société vas vers la digression, le choix sera difficile.

Le coiffeur : Pourquoi crois-tu que la société vas vers la digression

Pency : Parce que c'est le cas. En « normalisant l'écart, on a fini par s'écarter de la norme ».

Le coiffeur : Tu le prends de très haut là.

Pency : Non. Je crois tous simplement que le choix, le bon choix que nous voulons que nos jeunes fassent, nous n'avons pas voulu le faire, c'est de la procrastination, nous voulons qu'une génération soit meilleur pour les choix qu'elle fera. Qui te dit qu'elle ne fera pas les même choix que nous, les mêmes causes produisent les mêmes effets, les mêmes réactifs dans les mêmes conditions d'expériences produiront les mêmes résultats. Si l'on avait refusé de faire des efforts hier parce qu'on était paresseux quelle message avons-nous transmis à cette génération avide de l'exemple et facilement influençable par ce qu'elle voit. A que moment avons nous dit à cette jeune génération qu'il fallait se mettre au travail.

Le coiffeur : Il le fallait ?

Pency : Oui il le fallait, nous avons normalisé l journée continue, une journée ou tout s'arrête à 13 heures après la première pause du matin ; une entreprise de la paresse.

Le coiffeur : Si je me fie à ce que tu dis, nous avons tué l'avenir de cette jeune génération en leur montrant sans cesse l'exemple qu'il ne fallait pas suivre ?

Pency : Je crois malheureusement que oui. Derrière chaque musique que nous avons choisi de jouer à quelque moment de notre vie nous avons transmis un message, message qu'il faut par exemple se reposer à 15 heures alors que nous n'avons rien fait de notre journée ou du reste nous n'avions foxé aucun objectif en choisissant de jouer une musique de danse, dans la logique qu'une musique entre dans le cadre des programmations radiophoniques.

Le coiffeur : Tu ne peux pas toujours être critique, il y a des moments où nous avons montré des exemples, la musique religieuse par exemple, ce moment de réflexion

Pency : Oui tu parles bien de musique religieuse et pas chrétienne. Je crois que dans la musique religieuse nous avons cultivé chez nos jeunes le sens de la bipolarité. Une de ces musiques se joue actuellement dans un bistrot ou un secteur de prostituées sans que cela ne blesse quelqu'un. La musique chrétienne par contre distille un message, un enseignement. Une réflexion existentielle sur le sens de la vie et le bienfondé d'une vie bien réglée.

Le coiffeur : On va à l'église le dimanche.

Pency : Je crois que s'il fallait changer les choses, cela ne devait pas se limiter à une seule journée, cela devrait s'étendre à toute une vie d'intégrité.

Le coiffeur : S'étendre à combien de temps ? Je crois que pour toi les jeunes doivent entrer dans un service militaire.

Pency : Est-il nécessaire d'y entrer, même s'il le fallait combien de jeune aujourd'hui accepteraient de le faire pour le bien de la nation, pour acquérir une certaine culture, un entrainement physique.

Le coiffeur : Ça sent le régime totalitaire ça ?

Pency : Pourquoi ? Moi je crois que tout jeune doit pouvoir mettre sur pieds une discipline même en ce qui concerne ses choix, il doit pouvoir en répondre. Nous sommes malheureusement rendus à un niveau où une société effectue des choix pour les jeunes, et les leur impose littéralement

Le coiffeur : Par quel moyen

Pency : Les médias, oui les médias, télévision, smartphone etc. le jeune n'est plus libre de faire ses choix c'est la raison pour laquelle tout à l'heure lorsque tu parlais du choix je trouvais cela fantaisiste.

Le coiffeur : C'est un autre débat, on était sur la musique, choisir une bonne musique pour toi c'est quoi ?

Pency : La musique est un son agréable à l'oreille, mais il doit également apporter des effets positifs sur la personne qui l'entends, c'est la raison pour laquelle je pense que les paroles ne peuvent de désolidariser de la nécessité d'éduquer

Le coiffeur : Que ferons ceux qui ne chantent que cela. Ils vont abandonner ?

Pency : Non. Ils peuvent bien se reconverti… Ils ont assez détruit notre société, celle d'aujourd'hui et celle de demain...

Le coiffeur : Tu es dur toi

Pency : Nous devons voir de bons repères sociaux pour avancer..

Le coiffeur : Et le tam-tam, ça te dis?

Pency : Si tu veux. Comme dans les soirées rythmées aux tam-tams et aux balafons?

Le coiffeur : Pourquoi pas...

Chapitre 3 : Chante Tam-tam

Chante tam-tam

Laisse-toi-battre pas ces mains frénétiques
Laisse toi explorer dans toute l'Afrique
Pars en vrille
Fais danser la jeune fille

Fais rêver le vieillard
Fait se tressauter les gaillards
La fille qui rêve encore
Le jeune qui parle encore

Il sera un guerrier
Le bébé qui crie encore
Le gars qui espère encore
Comme si c'était le seul métier

La vie est un combat
Tu as déjà vu quoi ?
Mais il peut être griot, infirmier
Commerçant, douanier
Deux ; mains, deux pieds, dix doigts
Il n'est pas d'impossible loi

Chante tam-tam

Cree ce moment mémorable
Cet instant de palabre
Dont il parlera plutard
Lorsqu'il sera moins le quart.

quand il ne sera plus capable
De danser il sera incapable
Quand le soleil sera au coucher
Chante fais ton métier
Fait rire, fait gesticuler
Chante tam-tam fais chanter

Chante tam-tam

Pour informer le village
D'une arrivée certaine, propage
Un étranger qui surprendra
Un guerrier qui frappera

Un orage qui ravagera
D'une nuée de criquet qui dévorera
Chante pour avertir
Chante pour divertir

Chante tant que tu peux
Martèle comme il pleut
Bientôt tu ne pourras plus parler

Parce que les mains seront fatiguées

Parce qu'on se sera diverti
Quand les danses seront moins hardies
Chante tant que tu peux
Tu n'es pas encore vieux

Chante pour leur dire
Chante pour avertir
Que l'Afrique riche est
Que fertile le sol est
Que le labourer il faut
La trompette d'ailleurs sonne faux

Ailleurs Prendra toutes les vigueurs
La terre attend ton labeur
Que de mentalités imprévisibles
Que de haines incompréhensibles
Que d'hypocrisies refoulées
Que d'insultes avalées

Pour du bon steak consommé
Pour un court verre de café
Que, chacun a un chez lui
Une terre qui n'attend que lui
Que des francs toujours symboliques
D'un symbolisme toujours mystique

Dans des frontières étrangères
Avec un peuple que tu ne connais

Chante tamtam

Vibre tam-tam
Emerveille les non-initiés
Ceux qui ne savent pas méditer
Qui croient qu'il faut gesticuler
Vibre tant qu'ils peuvent bouger
Tu vibreras souvent
Pour qui t'écoutera attentivement

Chante tam-tam

Ils sont là pour t'écouter
La guerre du pouvoir
La recherche du savoir
Les sacrifices inutiles
Les martyrs futiles

Tu causes trop
Les ventres idiots
L'envie de réussir
D'Enfanter, le désir
Le désir d'être belle
Une mèche nouvelle

Quelle était la bonne cause
Devait-on faire la pause ?

Fallait-il travailler
Fallait-il cogiter
Ou sont les gens qui me regardaient danser
Ou sont les filles avec qui on trémoussait
Ils sont partis?
Tout est fini?
Que vais-je manger
Où vais-je m'allonger
DJ met nous du son
Ah il est parti. Non, mais non !

Chante tam-tam

Vibre tam-tam

Ils sont là pour t'écouter
Pour danser ou t'écouter ?
T'écouteront-ils papa
T'écouteront-ils avant le trépas
Quand tu avertiras
Quand tu parleras
Avertiras qu'il faut combattre
Avertira qu'il faut débattre
Avertira qu'il faut s'organiser

Avertiras qu'il faut se retrancher
Seront-ils là pour t'écouter
Croiront-ils qu'il faut danser

Comprendront-ils ton langage ?
Seront-ils à la page
Les initiés sont-ils partis?
Sont-ils déjà avertis
Pourra-t-on interpréter
Interpréter ta tonalité
Interpréter ton accent
T'adapteras-tu Tamtam
Au monde nouveau
Aux instruments nouveaux
Au tintamarre métallo-électroniques
Faut-il que tu t'adapte ?
Ou faut-il qu'on te capte ?
Faut-il que déjà ici tu quittes ?

Non tam-tam

Reste tam-tam

Chante tam-tam
Quelqu'un t'écoutera
Quelqu'un réfléchira
Comme les joies d'antan

Chante, O tam tam

Epilogue

Tous les jeunes n'en croyaient pas à leurs oreilles, ils voulaient voir de leurs propres yeux, le diplômé.

- Nous voulons voir le diplômé, dirent-ils en cœur

Ngonda avait fait le concours et avais réussi sans verser de pot de vin, ou aurait-il trouvé cela puisque ses parents n'en avaient pas les moyens ? Tout son parcours avait été mérité jusqu'à la fin.

Quatre ans difficiles, Quatre ans de travail, un succès mérité.

- Je veux voir le diplômé. Dis quelqu'un. Donc il est enfin possible de réussir dans ce pays ? Viens mon garçon tu es un valeureux patriote ! Incorruptible ! Tu es notre fierté. Viens faisons une photo.

Tout le village était dans la joie. Les enfants tressaillaient d'une joie contagieuse, les mères souriaient en voyant un potentiel beau-fils, les vieux décrochèrent un sourire, un sourire entendu, un sourire de satisfaction.

Oui. Etre incorruptible, C'était encore possible.

Printed by Books on Demand GmbH, Norderstedt / Germany